Heinrich Kleihues Nalbach

Hotel-Interieurs

jovis

Angelika **Editorial**
Günter

Der Berliner Werkbund setzt die 2005 begonnene Ausstellungsreihe „Projekte für Berlin" fort und präsentiert aktuelle Arbeiten seiner Mitglieder, die von stadtpolitischer Relevanz sind und die Zukunftsfähigkeit Berlins akzentuieren. Standen im vergangenen Jahr drei Architekturprojekte und deren Einbettung in den städtischen Kontext im Mittelpunkt, so gilt die Aufmerksamkeit heute dem Interior Design. Nicht von ungefähr: die UNESCO hat Berlin als erste europäische Stadt in das globale Netzwerk der kreativen Städte aufgenommen. Der Design-Standort Berlin besitzt nicht nur internationale Strahlkraft, sondern wird zunehmend als wichtiger Wirtschaftsfaktor betrachtet. Internationale Events, Mode- und Design-Messen, Design-Mai etc. stärken nicht nur Berlins Attraktivität als Reisemetropole, sie wirken sich zudem positiv auf die Touristikbranche und das Hotelgewerbe aus.

Die Ausstellung „Heinrich, Kleihues, Nalbach – Hotel-Interieurs" zeigt drei Hotelprojekte in der Berliner Innenstadt, bei denen die beteiligten Architekten die gesamte Inneneinrichtung geplant und realisiert haben:

Johannes Heinrich hat für das „Meliá Berlin" ein Interior-Design-Konzept entworfen, das die Hotelgesellschaft unverwechselbar repräsentiert und zugleich modern ist. Die Gestaltung ist geprägt durch geradlinige und schlichte Formen in warmen Materialien wie rotem persischen Travertin und honigfarbener amerikanischer Kirsche. Layout und Atmosphäre der Gästezimmer orientieren sich an den Anforderungen an ein modernes Stadthotel.

Bei der Inneneinrichtung des „Concorde Berlin" hat Jan Kleihues ein elegantes, zeitloses Design gewählt. Einheitliche Gestaltungsmerkmale kreieren eine ruhige, klare Atmosphäre. Skulpturen und Drucke zeitgenössischer Kunst aus der Sammlung Grothe setzen zudem im ganzen Haus künstlerische Akzente. Bei diesem Projekt hat Jan Kleihues sowohl den Hochbau als auch die Inneneinrichtung entworfen und realisiert, so dass sich die Linienführung der Fassade auch im Interieur fortsetzt. Nomen est omen: Im „Concorde" herrscht innen wie außen eine bis ins Detail gehende gestalterische Übereinstimmung.

Johanne Nalbach hat beim Themenhotel „Wallstreet Park Plaza" das pekuniäre Bild aufgenommen. Wir finden Wallstreet-Börsenkurse und Dollarnoten auf dem Teppich. Die Materialien Gold und anderes Edelmetall, die Basis für Geldstücke aller Zeiten, greifen scheinbar spielerisch das Thema der New Yorker Börse auf und verwandeln die vorgefundene Struktur. Durch die Wahl der Materialien, deren Oberfläche und durch die themenbezogene Farbigkeit bestimmter Bereiche wird das Hauptanliegen des Innenraumentwurfs umgesetzt, ein durchgängiges Gesamtwerk entstehen zu lassen.

Die Projekte sind mit unterschiedlicher Budget-Ausstattung entstanden, sie sind in unterschiedlichen Sternekategorien angesiedelt und sie unterscheiden sich durch Formen- und Farbensprache. Sie zeigen die Vielfältigkeit unterschiedlicher Lösungsansätze und Gestaltungsprinzipien. Das verbindende Glied ist ein hoher Qualitätsanspruch in Formgebung, Material und Ausführung.

Qualitätsförderung war und ist eine zentrale Aufgabe des 1907 gegründeten Deutschen Werkbundes. Durch das Zusammenwirken der gestaltenden und produzierenden Kräfte hat er die Architektur und Produktgestaltung modernisiert und reformiert. Hermann Hesse schrieb 1912 in der Zeitschrift *März*: „Der Deutsche Werkbund existiert seit fünf Jahren … Es sitzen hier nicht vergrämte Künstler beisammen und beschließen, eine neue, farbigere, künstlerische Kultur heraufzuführen; es handelt sich hier nicht um romantische Eitelkeiten und schöne Jünglingsreden, sondern es arbeiten besonnene Künstler mit Handwerkern und Fabrikanten, auch mit Händlern und Kommunen zusammen, und zwar gegen den Schund zugunsten der Qualitätsarbeit."

Das vorliegende Buch dokumentiert die Ausstellung und ergänzt sie durch Textbeiträge von Jan R. Krause, Volkmar Strauch und von Kurt Tucholsky, der eine Geschichte vom „Koffer auspacken" erzählt.

Hotels sind Schauplätze, an denen die unterschiedlichsten Menschen zusammenkommen, sich heitere oder auch tragische Schicksale entscheiden. Die Hotel-Interieurs von Heinrich, Kleihues, Nalbach veranschaulichen das individuelle Bemühen der Gestalter, den Reisenden einen angenehmen, privaten Aufenthaltsort zu schaffen, das Gefühl eines – temporärem – Heims zu vermitteln. Dazu abschließend der vielgereiste Klaus Mann: „Zwölfhundertstes Hotelzimmer – sei mir gegrüßt! Sei gegrüßt, mit mäßig gutem Bett, Spiegelschrank, Kommode, wackligem Schreibtisch; mit rosa Nachttischlampe, abgeschabtem Teppich, Wasserkaraffe, Briefpapier, Kofferständer. Sei gegrüßt, Heimat seit einer halben Stunde, Heimat für zwei, drei oder vierzehn Tage –: Wirst du mir freundlich gesinnt sein? Werde ich ausruhen dürfen bei dir?"*

---

* Klaus Mann: „Gruß an das zwölfhundertste Hotelzimmer",
aus: *Der Vulkan*, 1981, 1999 Rowohlt Taschenbuchverlag

Jan R.   **Vertraute Orte in fremden Welten**
Krause

„Alles Unglück dieser Welt rührt einzig daher, dass der Mensch nicht ruhig in einem Zimmer bleiben kann", befand der französische Erfinder Blaise Pascal im 17. Jahrhundert. Bis heute scheint es so zu sein, dass der Mensch getrieben ist, auszuschwärmen, Orte zu wechseln – wenn auch nur für kurze Zeit. Der vermeintlich sesshafte Bürger ist Nomade geblieben: mit fester Basis, aber verschiedenen Einsatzorten. Es ist schon seltsam, dass wir in einer Zeit, in der wir über Telefon, TV und Internet jederzeit an jedem Ort sein könnten, überhaupt noch reisen. Doch gerade in dieser Welt scheint die Sehnsucht, fort zu kommen oder die Notwendigkeit der persönlichen Begegnung eher gewachsen als gesunken zu sein. Ob Urlaub oder Geschäftsreise: Die einzigartige Erfahrung, die mit dem Aufbruch, der Passage, dem Ankommen, dem Verweilen an fernen Orten verbunden ist, kann durch kein Medium ersetzt werden.

Der moderne Nomade muss reisen – ob im Beruf oder privat. Er ist Pendler zwischen den Welten und muss sich immer wieder neu einrichten. Wer die eigene Wohnung verlässt, sucht eine Bleibe. Ob Zelt, Caravan, Schlafwagen oder Hotel: Der Mensch braucht nicht nur ein Dach über dem Kopf, sondern einen Ort, der ihm entspricht. Wer die Heimat verlässt, ist Fremder und Gast in einer anderen Welt. Gesucht ist eine Unterkunft, die für eine Nacht oder auch mehrere Wochen Heimat werden soll. Meist geht es um mehr als nur um das Bedürfnis nach Schlaf. Gesucht ist ein Ort mit Identität, ein Ort der Identifikation. Denn auch temporäres Wohnen ist eine kulturelle Frage. Das Spektrum der Hotelzimmer reicht von der einfachen Absteige über das Fünf-Sterne-Zimmer bis zur Luxus-Suite. In einer spezialisierten Welt reicht die Auswahl an Hoteltypen vom Traditionshaus bis zum Grandhotel, vom Seminar- bis zum Wellnesshotel, vom Kur- bis zum Art-Hotel. In ihrer einfachsten Form sind Hotels Beherbergungs- und Bewirtungsbetriebe. In ihrer größten Komplexität sind es hoch effiziente, funktionale Servicemaschinen. Doch von dieser funktionalen Effizienz soll der Gast nichts spüren. Die Atmosphäre überstrahlt die Funktion. Innerhalb kürzester Zeit gilt es, das Fremde zum Vertrauten zu machen, dem Gast das Gefühl zu geben, zu Hause zu sein – wenn auch nur für wenige Stunden. Zugleich bietet jedes Hotel die Chance, Neues zu entdecken: eine Herausforderung für jeden Architekten, im Hotelzimmer die erforderlichen Standards zu erfüllen und zugleich eigenständig zu interpretieren, um den Gast zu neuen Erfahrungen einzuladen. Hotelzimmer sind kleine Räume für große Momente. Es sind Räume mit Geschichte und

Geschichten. Der Raum, der neu wirkt, ist nicht neu. Er trägt Erinnerungen, birgt Geheimnisse vergangener Gäste. Wer mag hier schon gewohnt haben? Was mag sich hier ereignet haben? Ein Zimmer bewohnen heißt, sich einen Ort aneignen. Durch jeden neuen Bewohner erhält das Zimmer eine ganz eigene Note. Das Hotel ist Ort für Arbeit, Abenteuer, Schicksale, Leidenschaft, Liebe und Träume. Hier wohnen Geschäftsreisende, Touristen, Einsame, Liebende. Das Hotel ist Refugium und betriebsamer Veranstaltungsort. Es ist intime Kammer und öffentliche Bühne: für den einen ein Ort der Kontemplation, für den anderen ein Ort der Kommunikation.

Das Hotel ist ein sonderbarer Zwitter: zwischen Standardisierung und Individualität, zwischen Öffentlichkeit und Intimität. In seiner Widersprüchlichkeit und mit all seinen vielen Geheimnissen hat das Hotel Poeten und Schriftsteller inspiriert. Hotel-Filme sind sogar zu einem eigenen Genre geworden. Und natürlich haben Architekten in der Aufgabe, ein Hotel zu entwerfen, immer eine besondere Möglichkeit gesehen, einen kulturellen und gesellschaftlichen Ort zu schaffen. Die große Kunst, einen kleinen Wohnraum zu gestalten, ist für Architekten stets ein reizvolles Thema geblieben, denn es lässt pointierte Architekturpositionen zu. Trotz aller Standards bietet das Hotel die Möglichkeit, im gestalteten Detail einen Minimalanspruch mit maximaler Wirkung zu formulieren. Viele Grand Hotels, Seebäder, aber auch manche einfachen Herbergen haben ihre eigene Identität als Adresse in einer Stadt oder Region. Hotels sind weniger gebaute Manifeste, aber doch Monumente von Epochen, die das gesellschaftliche Leben nicht nur bedienen, sondern auch reflektieren.

Der Geschäftsreisende, der von Termin zu Termin unterwegs ist, Nacht für Nacht in einem anderen Zimmer, sieht oft nichts von der Stadt. Doch auch er bezieht einen Erfahrungsgewinn aus dem Authentischen. Das eine Zeit lang von Trendmanagern propagierte und banalisierte einheitliche Erscheinungsbild von Hotelketten und Gestaltungsstandards hat sich überlebt. Die Erwartungshaltung der Gäste ist viel mehr an Servicestandards geknüpft als an eine monotone, weltweit verbreitete Einheitsgestaltung. Auch unter Hoteliers, Investoren und Betreibergesellschaften wächst die Erkenntnis, sich wieder auf einen besonderen Ort einzulassen, authentische Häuser an authentischen Orten zu schaffen – und zwar außen wie innen. Nicht die vermeintliche Wiedererkennbarkeit in Form, Farbe, Materialität, sondern eine neue Unverwechselbarkeit und Authentizität ist angestrebt. So ist das Hotel nicht mehr selbst nur zu Gast, sondern kehrt zurück als identitätsstiftende Bereicherung der Stadt.

7

Volkmar
Strauch

Hoteltourismus in Berlin

Im Jahr 2005 besuchten Berlin mehr als 6,4 Mio. Übernachtungsgäste, die insgesamt 14,62 Mio. Übernachtungen in kommerziellen Beherbergungsbetrieben buchten. Gegenüber 1996 bedeutet das fast eine Verdoppelung. Die Zielmarke 15 Mio. Übernachtungen – ursprünglich für 2010 angepeilt – wird nun wohl schon im laufenden Jahr erreicht werden. (Hinzu kommen noch die Gäste, die bei Freunden, Bekannten und Verwandten übernachten – noch einmal rund das 2 1/2-fache der kommerziellen Übernachtungen – und mehr als 100 Mio. Tagesbesucher). Die Touristen ließen im Jahre 2003 insgesamt 5,84 Mrd. Euro in der Stadt; gute 2 Mrd. Euro davon entfielen auf die Touristen, die in Hotels und anderen Beherbergungsbetrieben übernachteten. Rund 170.000 Personen finden in der Tourismusbranche Beschäftigung.

Mit der Zahl der Berlin-Besucherinnen und -Besucher wächst auch die Zahl der Beherbergungsbetriebe und die Breite ihres Angebots. Verfügte Berlin 1996 „erst" über 391 Hotels mit 46.788 Betten, waren es Ende 2005 bereits 485 Hotels mit 84.328 Betten. Die aktuellen Neueröffnungen, von denen auch in diesem Buch die Rede ist, sind da noch nicht mitgezählt. Trotz dieses Wachstums stieg die Bettenauslastung immerhin von 43,2 % (1996) auf 48,8 % (2005). Das Vertrauen in die günstige weitere Entwicklung des Berlin-Tourismus lässt sich auch an der Investitionsbereitschaft der Investoren ablesen: Das Concorde ist das erste Haus der französischen Luxuskette Louvre Hotels außerhalb des französischsprachigen Raums; das Wallstreet Park Plaza soll das Berliner Flaggschiff der Park Plaza Hotels Europe werden; und mit dem Meliá fasst auch die gleichnamige spanische Hotelgruppe in Berlin Fuß.

Tourismus in Berlin	1996	2004	2005
Besucher	3.225.005	5.923.793	6.464.522
Übernachtungen	7.397.623	13.260.393	14.620.315
Verweildauer (Tage)	2,3	2,2	2,3
Anteil ausl. Besucher (%)	26,4	27,8	30,3
Zahl der Hotels	391	437	485
Zahl der Hotelbetten	46.785	79.567	84.328
Auslastungsgrad (%)	43,2	48,0	48,8

(Quelle: Statistisches Landesamt, BTM)

8

Die Architekten, die in diesem Katalog ihre Hotels und Hotelinterieurs vorstellen, beschreiben die Anforderungen, denen die Architektur gerecht werden soll, etwa mit folgenden Begriffen: konsequent modern, zeitlos, schön und unverwechselbar, schlichte Eleganz, einheitliche Gestaltungsmerkmale, Lebensgefühl von Leichtigkeit und Unbeschwertheit, durchgängiges Gesamtkunstwerk. Sind die Anforderungen, die ein Hotelgast an ein Hotel stellt, damit abschließend beschrieben? Der Blick auf einige Marktdaten, die deutsche Hotelklassifizierung und Trends in der Tourismuswirtschaft sollen Hinweise auf einige ergänzende Kriterien geben.

Eine besondere Bedeutung haben Kongresse, Tagungen und andere Veranstaltungen in Berlin. Auch wenn die sehr großen Kongresse in den Kongresszentren stattfinden, findet das Gros der Veranstaltungen in den Tagungsräumen der Hotels statt. Die meisten Hotels sind nicht nur Orte des Übernachtens, sondern für viele von ihnen sind die Veranstaltungen ein wirtschaftlich bedeutsames Standbein. 2,6 Mio., das heißt 23 % aller Übernachtungen im gewerblichen Bereich sind dem Kongress- und Tagungsmarkt zuzurechnen (Zahlen für 2003).

Veranstaltungen und Teilnehmer

Anbietertyp	Betriebe		Veranstaltungen		Teilnehmer		Ø Zahl der Teilnehmer
	absolut	Anteil%	absolut	Anteil%	absolut	Anteil%	je Veranstaltung
Hotels	144	58	60.060	83	2.900.000	51	50
Kongress-zentren			1.640	2	630.000	11	400
und Hallen	6	2					
Locations	99	40	10.700	15	2.200.000	38	200
Gesamt	249	100	72.400	100	5.730.000	100	80

Quelle: BTM

Befragungen zeigen, dass 92 % der inländischen und 77 % der ausländischen Besucher Berlin „wahrscheinlich" wieder besuchen werden, sogar „sehr wahrscheinlich" ist dies für 72 % der inländischen und immerhin noch 43 % der ausländischen Besucher. Berücksichtigt man ferner die große Zahl der Geschäftsreisenden, die, aufgrund der Hauptstadtfunktion Berlins, ohnehin wiederholt in

Berlin sind, etwa auf Verbändetreffen oder Kongressen, ergibt dies einen hohen Anteil von Mehrfachbesuchern und damit für die Hoteliers die Notwendigkeit, auf Kundenbindung großen Wert zu legen.

Die deutsche Hotelklassifizierung gibt einen Einblick, welche Qualitätsmerkmale nach Meinung des Hotelverbandes Deutschland für den Besucher von besonderer Bedeutung sind. Die Hotelklassifizierung ist nach Auffassung ihrer Urheber „ein dynamisches, marktgerechtes System von internationalem Standard". Es sei „geeignet, ein aussagekräftiges Raster über den Gesamtbestand an Beherbergungsbetrieben in Deutschland zu legen". Der Hinweis verweist zugleich auf die Grenzen des Klassifizierungssystems: „Es werden ausschließlich objektive Kriterien wie Zimmerausstattung und Dienstleistungsangebot bewertet; subjektive Eindrücke werden grundsätzlich nicht berücksichtigt". Qualität wird damit danach definiert, was messbar ist; nicht messbare Qualitäten können so nur indirekt, wenn überhaupt, abgebildet werden. Dennoch ist ein Blick auf einige hier beispielhaft genannte Kriterien durchaus erhellend:

- Zimmergröße: Die Mindestgröße beginnt bei 16 m² (Doppelzimmer inkl. Bad/WC) in einem Zwei-Sterne-Hotel; das Fünf-Sterne-Hotel muss mindestens 26 m² pro Doppelzimmer vorweisen.
- Bei der Zimmerausstattung verlangt die Eingruppierung als Zwei-Sterne-Hotel neben dem Bett mindestens eine Sitzgelegenheit pro Bett sowie ein Leselicht am Bett; im Drei-Sterne-Hotel müssen dann Ankleidespiegel, Kofferablage, Näh- und Schuhputzutensilien, im Vier-Sterne-Hotel Sessel, Couch und Beistelltisch hinzukommen.
- Bei der Bad-Ausstattung müssen ab vier Sternen Kosmetikartikel und ein Kosmetikspiegel vorhanden sein; bei fünf Sternen müssen die Körperpflegemittel in Einzelflacons bereitstehen.
- Zunehmend wichtig wird offenkundig auch die Ausstattung mit Kommunikationsmitteln: Bei einem und zwei Sternen reicht ein Telefon an der Rezeption, aber Farbfernseher müssen in jedem Zimmer sein. Ab drei Sternen werden Internetanschluss im Haus und Telefon im Zimmer verlangt; bei fünf Sternen werden ein Internetanschluss im Zimmer und ein qualifizierter IT-Support-Service verlangt.

Je nach Sternezahl muss noch eine Reihe von Serviceangeboten bereitstehen, von der Ausgestaltung des Rezeptionsbereiches mit Lobby und Bar bis zu Doorman- und Wagenmeisterservice oder Bügelservice innerhalb einer Stunde.

Schließlich folgt doch noch ein eher subjektives Kriterium: der Gesamteindruck muss „mittleren" (zwei Sterne), „gehobenen" (drei Sterne), „hohen" (vier Sterne) bzw. „höchsten" (fünf Sterne) Ansprüchen genügen, festgemacht an Möblierung, Ausstattung und „optischem Gesamteindruck".

Die Gestaltungsmöglichkeiten der Architekten werden durch diese Kriterien eher herausgefordert als eingeschränkt.

Die Kriterien, nach denen andere private Zusammenschlüsse die Qualität ihrer Mitglieder feststellen, sind oft nicht allgemein zugänglich. Die Hotels des Zusammenschlusses Relais et Chateaux nennen fünf Stichworte: *caractére-charme-calme-cuisine-courtoisie*. So schwer auch diese Begriffe auszufüllen sind, so ist doch offenkundig, dass hier eher subjektive Qualitätsmerkmale im Vordergrund stehen und dass sich ein Hotel mit solchen Kriterien nicht an alle touristischen Zielgruppen wendet, sondern an einen Kreis, dem es auf ein gewisses Maß an Exklusivität und an besonderer Service-Qualität ankommt.

Marktforschungen beschreiben eine Reihe von Trends im Tourismus, die für den Marktauftritt eines Hotels und damit auch für seine Gestaltung von Bedeutung sind:

– Der Trend geht weg von Durchschnittsprodukten zu Durchschnittspreisen. Kleinere Häuser im Zwei- und Drei-Sterne-Bereich ohne klare Zielgruppenprofilierung und Anschluss an nationale oder internationale Vermarktungskanäle haben es schwer.

– Zielgruppenspezifische Angebote werden an Bedeutung gewinnen. Schon voll im Gang ist die Reaktion auf den aktuellen „Wohlfühltrend" mit immer differenzierteren Wellness-Angeboten. Die Zahl der Rad- und Wasserwanderer mit ihren spezifischen Bedürfnissen nimmt zu. Wissenschaftliche Großinstitutionen denken über Hotels und Gästehäuser für ihre Gastwissenschaftler und Tagungsteilnehmer nach, so will zum Beispiel die Freie Universität auf ihrem Campus ein Hotel errichten. Um die Krankenhäuser herum werden sich ebenfalls Hotelangebote entwickeln, weil auswärtige Patienten bei bestimmten Krankheiten nur noch zur Behandlung ins Krankenhaus kommen, den Rest des Tages aber außerhalb der Klinik verbringen.

– Die Urlaubsreisen werden häufiger, aber kürzer. Gerade Städtereisen werden oft erst gebucht, wenn der Wetterbericht für das Wochenende bekannt ist. Die Hotels müssen darauf mit neuen Kommunikations- und Vertriebsformen, sehr transparenter Information (Internet) und schneller Reaktion auf Kundenfragen reagieren.

- Die Reisenden haben verstärkt individuelle, spezifische Reisebedürfnisse und erwarten, dass diese Bedürfnisse wahrgenommen und (über-) erfüllt werden. Mit zunehmender Reiseerfahrung einer immer größer werdenden Gruppe von Touristen steigt deren Vergleichsfähigkeit und ihr Anspruch an die erwartete Qualität.
- Das Kundenverhalten insgesamt ist weniger berechenbar geworden. Je nach Produkt, Dienstleistung oder Reiseanlass kann dieselbe Person einmal zur Low-Budget-Zielgruppe gehören, ein andermal dagegen zum Smart oder Luxury Shopper werden.

Zu der Herausforderung an die Hotellerie, mit diesen Trends umzugehen, kommt die weitere Herausforderung, sich mit der touristischen Positionierung Berlins auseinander zu setzen. Diese erfolgt zurzeit unter dem Dachbegriff „Mythos und Vision: Trendsetter Berlin – Dynamik der Moderne im Spiegel der Geschichte". Das Besondere Berlins, die Unique Selling Proposition der Stadt wird von der Tourismuswirtschaft in ihrer Umbruchsituation und Dynamik gesehen. Keine andere Stadt präsentiere Vergangenheit und Zukunft, Alt und Neu, Nostalgie und Hippness so eng nebeneinander wie Berlin, so die strategische Marketingplanung der BTM Berlin Tourismus Marketing GmbH. Dabei soll die Positionierung Berlins im Spannungsfeld zwischen Vergangenheit und Zukunft auf drei Säulen aufbauen:

- der Kultur mit ihren drei Opernhäusern, acht Sinfonieorchestern, 150 Theatern, 175 Museen, dem Film, der Musik- und der Off-Szene,
- der Geschichte und Politik mit der Erfahrung der Teilung, des Mauerfalls, der Wiedervereinigung und der Hauptstadtwerdung in der Mitte Europas,
- dem Berliner Lifestyle, der sich unter anderem in Architektur und Design, im Clubbing und Lounging, der Shoppingmode, dem Sport und nicht zuletzt der zunehmenden Bedeutung als Celebrity Spot eine spezielle Berliner Ausprägung schafft.

Alle diese unterschiedlichen Anforderungen und Entwicklungen finden auch Eingang in die Erwartungen, die die Gäste eines Hotels an die innere und äußere Gestaltung, an die Atmosphäre und das Ambiente, an die Freundlichkeit und Aufmerksamkeit stellen, mit denen sie von einem Hotel empfangen und umgeben werden.

Kurt **Koffer auspacken**
Tucholsky 1927

In der Fremde den Koffer auspacken, der etwas später gekommen ist, weil er sich unterwegs mit andern Koffern noch unterhalten mußte: das ist recht eigentümlich.

Du hast dich schon ein bißchen eingelebt, der Türgriff wird leise Freund in deiner Hand, unten das Café fängt schon an, dein Café zu sein, schon sind kleine Gewohnheiten entstanden … da kommt der Koffer. Du schließt auf –

Eine Woge von Heimat fährt dir entgegen.

Zeitungspapier raschelt, und auf einmal ist alles wieder da, dem du entrinnen wolltest. Man kann nicht entrinnen. Ein Stiefel guckt hervor, Taschentücher, sie bringen alles mit, fast peinlich vertraut sind sie dir, schämst du dich ihrer? Wie zu nahe Verwandte, denen du in einer fremden Gesellschaft begegnest; alle siezen dich, sie aber sagen dir: Du –! und drohen am Ende noch, sprichst du mit einer Frau, schelmisch mit dem Finger. Das mag man nicht.

Wer hat den Koffer gepackt? Sie? Eine warme Welle steigt dir zum Herzen empor. So viel Liebe, so viel Sorge, so viel Mühe und Arbeit! Hast du ihr das gedankt? Wenn sie jetzt da wäre … Sie ist aber nicht da. Und wenn sie da sein wird, wirst du es ihr nicht danken.

Die Sachen im Koffer sprechen nicht die Sprache des Landes, nicht die Sprache der Stadt, in der du dich befindest. Ihre stumme Ordnung, ihre sachliche Sauberkeit im engen Raum sind noch von da drüben. Da liegen sie und sprechen schweigend. Mit etwas abwesenden Augen stehst du im Hotelzimmer und erinnerst dich nicht … nein, du bist gar nicht da – du bist da, wo sie herkommen, atmest die alte Luft und hörst die alten, vertrauten Geräusche …. Zwei Leben lebst du in diesem Augenblick: eines körperlich, hier, das ist unwahrhaftig; ein andres seelisch, das ist ganz wahr.

Ein Mann, der sich lyrisch Hosen in den Schrank hängt! Schämen solltest du dich was! Tut's ein Junggeselle, dann geht es noch an; mit sachlich geübten Händen baut er auf und packt fort, glättet hier und bürstet da …. Ein Verheirateter, das ist immer ein bißchen lächerlich; wie ein plötzlich selbständiges Wickelkind ist er, ohne Muttern, etwas allein gelassen in der weiten Welt.

Der Bademantel erinnert nicht nur; in seinen Falten liegen Stücke jener andern Welt, aus der du kamst. Das ist schon so. Aber faltest du ihn auseinander, dann fallen die Stücke heraus, verflüchtigen sich, auf einmal hängt er vertraut und doch fremd da, ein gleichgültiger Bademantel, den das Ganze nicht so sehr viel angeht … . Und da ist etwas praktisch zusammengerollt, hier ist ein besonderer Trick des Packens zu sehen, hast du die Krawatten gestreichelt, alter Junge? Als ob du noch nie gereist wärst!

Leicht irr stehst du im Zimmer, in der einen Hand einen Leisten, in der andern zwei Paar Socken, und stierst vor dich hin. Gut, daß dich keiner sieht. Um dich ist Bäumerauschen, ein Klang, Schmettern dreier Kanarienvögel und eine Intensität des fremden Lebens, die du dort niemals gefühlt hast. Tropfen quillen aus einem Schwamm, den du nie, nie richtig ausgepreßt hast. So saftig war er? Hast du das nicht gewußt? Zu selbstverständlich war es, du warst undankbar – das weißt du jetzt, wo es zu spät ist.

Eine Parfümflasche ist zerbrochen, das gute Laken hat einen grünlichen Fleck, ein Geruch steigt auf, und jetzt erinnert sich die Nase. Die hat das beste Gedächtnis von allen! Sie bewahrt Tage auf und ganze Lebenszeiten; Personen, Strandbilder, Lieder, Verse, an die du nie mehr gedacht hast, sind auf einmal da, sind ganz lebendig, guten Tag! Guten Tag, sagst du überrascht, ziehst den alten Geruch noch einmal ein, aber nach dem ersten Aufblitzen der Erinnerung kommt dann nicht mehr viel, denn was nicht gleich wieder da ist, kommt nie mehr. Schade um das Parfüm, übrigens. Die Flasche hat unten ein häßlich gezacktes Loch, es sieht fast so aus, wie etwas, daraus das Leben entwichen ist … . Also das ist dummer Aberglaube, es ist ganz einfach eine zerbrochene Flasche.

Unten, auf dem Boden des Koffers, liegen noch ein paar Krümel, Reisekrümel, Meteorstaub fremder Länder. Jetzt ist der Koffer leer.

Und da liegen deine Siebensachen auf den Stühlen und auf dem Bett, und nun räumst du sie endgültig ein. Jetzt ist das Zimmer satt und voll, fast schon ein kleines Zuhause, und alle Erinnerungen sind zerweht, verteilt und dahin. Noch ein kleines – und du wirst dich auf deiner nächsten Station zurücksehnen: nach diesem Zimmer, nach diesem dummen Hotelzimmer.

Hotel-Interieurs

Johannes Heinrich

Meliá Berlin

Die spanische Hotelgesellschaft Sol Meliá eröffnet im Herbst 2006 in der Friedrichstraße ein Vier-Sterne-Superior-Hotel ihrer Premiummarke „Meliá Berlin". Für den Architekten ergab sich die Aufgabe, die gesamte Inneneinrichtung eines Hotels zu entwerfen, ohne für den Hochbau verantwortlich gezeichnet zu haben. Die Einflussmöglichkeiten auf den architektonischen Kontext waren zu einem vergleichsweise späten Zeitpunkt naturgemäß begrenzt. Dennoch sollte mittels einer Zusatzbeauftragung durch den Bauherrn eine „Optimierung des Entwurfs für die öffentlichen Bereiche" erfolgen. Dies führte zu deutlichen Eingriffen in allen Public Areas.

Ziel des Interior-Design-Konzepts war es, eine Gestaltung zu finden, die Sol Meliá in Nordeuropa in unverwechselbarer Form repräsentiert, ohne dabei in die Replik eines klassischen spanischen Einrichtungsstiles zu verfallen oder gar folkloristische Elemente aufzugreifen. Dies gilt für die Gästezimmer und die Public Areas, die besonders das moderne Spanien widerspiegeln sollen.

So öffnet sich die Hotelhalle großzügig zur Friedrichstraße. Eine innere Säulenreihe auf Lichtsockeln stärkt ihre dramatische Wirkung als linearer Raum mit ausgeprägtem Öffentlichkeitscharakter. Die Gestaltung ist geprägt durch geradlinige und schlichte Formen in warmen Materialien wie rotem persischen Travertin und honigfarbener amerikanischer Kirsche. Einen Kontrapunkt zur Modernität setzt „augenzwinkernd" eine Reihe von elf gläsernen Kronleuchtern. Anders Tapasbar und Restaurant, die ihre innere Gestaltung aus der runden und weichen Struktur des Gebäudes an der Ecke zur Weidendammbrücke ableiten. Tresen und Büffets werden daher jeweils attraktiv und kommunikativ als freie Formen in das Zentrum der jeweiligen Räume gestellt, die Grundstimmung ist frisch und auf das Betreiberkonzept einer modernen spanischen Gastronomie abgestimmt.

Die Hotelzimmer werden in zwei unterschiedlichen Roomstyles gestaltet. Im „Royal Service" herrschen vornehme und warme Farben vor. Die Zimmer in den normalen Gästezimmergeschossen erhalten die gleiche Möblierung und Einrichtung wie der Royal Floor, hier dominiert jedoch ein heller, frischer Farbkanon. Der klassische Eingangsflur des Zimmers wird unterteilt in einen geräumigen Vorraum frei von Möbeln und in ein Schrankportal, durch das der Gast in den Raum schreitet. Das französische Fenster bestimmt die Axialität des geräumigen Zimmers. Der Tisch mit je zwei Sesseln und Stehleuchten auf einer markanten Teppichinsel nimmt diesen Gedanken auf. Die Möblierung ist freistehend im Zimmer entworfen: ein Schreibtischelement mit integriertem Flat TV, Mini Bar und darüberliegendem „Schatzkästchen" aus Glasmosaik und indirektem Licht, sowie ein gepolstertes Kombimöbel als Kofferbank, Sitzbank und Ablage mit Vide Poche.

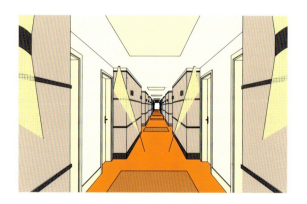

Standardzimmer, Grundriss
Gästeflur

Entwurfsskizzen Standardzimmer

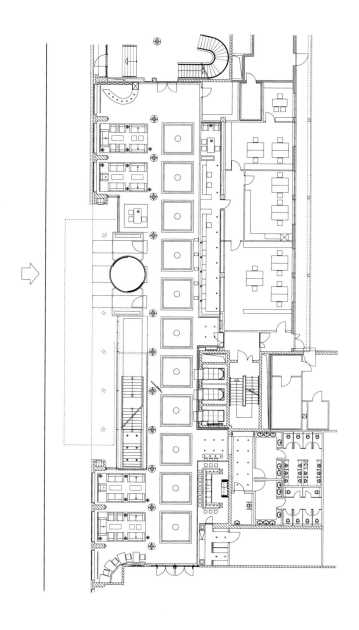

Hotelhalle, Grundriss

Perspektiven Hotelhalle

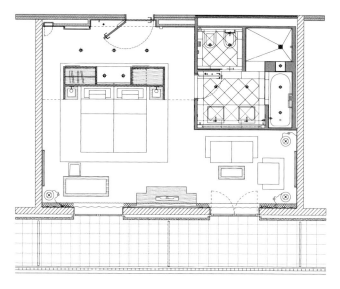

Suiten Royal Floor, Grundrisse

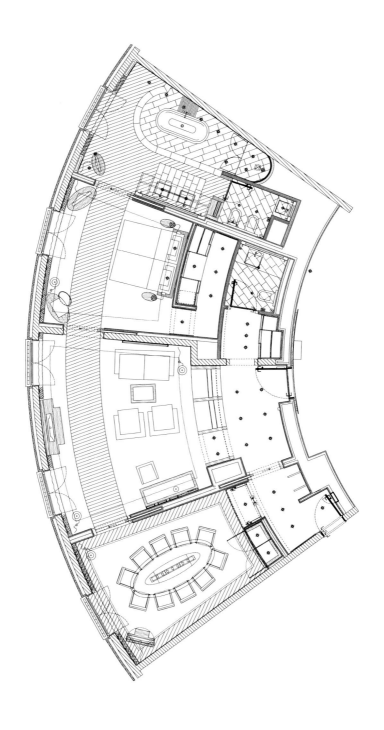

Präsidentensuite, Grundriss

Colourboards

Jan C. Bassenge, Johannes Heinrich, Kay Puhan-Schulz
BHPS Architekten mit Georg Hagemann

Johannes Heinrich, Jahrgang 1943, 1962–1968 Studium der Architektur an der Technischen Universität Berlin, Mitarbeit im City Planning Department, Manchester, 1970–1972 Studium an der University of Edinburgh (Stipendiat der Stiftung Volkswagenwerk) Master of Science in Urban Design and Regional Planning. 1976 Architektengemeinschaft mit Jan C. Bassenge, Kay Puhan-Schulz und Walter Schreiber, 2000 BHPS Architekten Bassenge, Heinrich, Puhan-Schulz Gesellschaft von Architekten mbH.

Jan-Christoph Bassenge, Jahrgang 1938, 1957–1964 Studium der Architektur an der Technischen Universität Berlin und an der Ecole des Beaux Arts, Paris (Stipendiat des französischen Staates), 1965–1966 Studium an der University of California at Berkeley (Stipendiat des Luftbrücken-Gedenkfonds und der Ford Foundation), Master of Architecture 1966–1967. Assistent am Lehrstuhl Prof. Bressler an der TU Berlin.

Kay Puhan-Schulz, Jahrgang 1938, 1958–1965 Studium an der Technischen Hochschule München und an der Technischen Universität Berlin, 1965–1967 Assistent am Lehrstuhl Prof. Bressler an der TU Berlin, 1978 Berufung in den Deutschen Werkbund Berlin, 1987–1989 Mitglied des Beirats für Stadtgestaltung beim Senator für Bau- und Wohnungswesen, Berlin, 1993–1999 Vorsitzender des Bundes Deutscher Architekten Berlin.

Ausgewählte Projekte

1979   Hotel InterContinental Berlin, Neubau Halle und 300 Zimmer (Ostflügel), Wettbewerb 1. Preis
1993   Trigon, Atrium Bürogebäude, Berlin
1997   Neubau Peek & Cloppenburg und Hypo-Bank, Rostock
1998   Gymnasium Templin, Auswahlverfahren 1. Preis
1998   Neubau Rathaus Mitte, Berlin, Investorenwettbewerb 1. Preis
1999   Dorint Sofitel Hotel Schweizerhof, Berlin
1999   DIN, Neubau der Zentralverwaltung Berlin
1999   Oberstufenzentrum 1, Cottbus, Wettbewerb 1. Preis
2001   Hotel InterContinental Berlin, Neubau Südflügel/Ostflügel
2002   Prager Platz Berlin, Einkaufspassage, Fitness Club und Wohnen, Umbau Hotel Ramada Plaza
2004   Radisson SAS Hotel, Berlin, Interior Design Gästezimmer und Konferenzbereiche
2005   The Regent Berlin, Umbau und Interior Design für Konferenz und Private Dining
2005   Radisson SAS Hotel, Frankfurt, Interior Design Konferenzbereiche
2006   Neubau Verwaltungsgebäude der Enertrag, Brandenburg
2006   Neubau Pavillon Hotel InterContinental, Berlin

Jan Kleihues

Concorde Berlin

Für das Fünf-Sterne-Hotel Concorde mit 311 Zimmern und Suiten direkt am Kurfürstendamm in Berlin ergab sich für den Architekten Jan Kleihues die Gelegenheit, neben dem Hochbau auch die Inneneinrichtung zu entwerfen: Sie sollte schlicht, elegant und zeitlos wirken, also auch noch in 20 Jahren modern sein.

Neben klaren Formen und warmen Farben setzt sich die Linienführung der Fassade im Innenbereich fort. Diese Linienführung wird am Rezeptionstresen, an den Wänden, an den die Funktionsbereiche teilenden, paraventartigen Zwischenwänden und am Geländer der Lobby aufgenommen. Weitergeführt als einzelnes Band in den öffentlichen und in den Zimmerfluren, löst sie sich schließlich als räumlicher, dreidimensionaler Mäander sowohl in Teilen der Möbel als auch bei den Griffen der Schiebetüren auf.

Die Bereiche Rezeption, Bar, Restaurant, Aufzugslobby und Lobby – letztere mit einer in Blattsilber verkleideten Decke versehen – gehen fließend ineinander über, behalten aber wegen ihrer klaren Spiegelsymmetrie ihre eigene Identität und sind deutlich als eigenständige Bereiche erkennbar.

Skulpturen und exklusive Drucke zeitgenössischer Kunst aus der Sammlung Grothe mit Motiven von Gerhard Richter, Sigmar Polke, Jörg Immendorff oder Georg Baselitz runden das Bild ab.

In den Gästezimmern wurde eine einfache, zurückhaltende Behandlung der Decken- und Wandoberflächen gewählt, um die einzelnen Möbelstücke – es gibt keine „Einbauschränke" – in ihrer hochwertigen Verarbeitung wirken zu lassen. Es wurden überwiegend Materialien wie Corean, Carraramarmor, Nussbaum und geräucherte Eiche eingesetzt. Die klare Geometrie der Möbel, viele eigens für das Hotel entworfen, unterstreichen diesen Eindruck. (Sessel für die Firma Walter Knoll, Nachttisch-, Schreibtisch-, Stehleuchten für Spectral, Türklinken für Valli & Valli ...) Die Junior- und Standardsuiten nehmen die stilbildenden Elemente der Zimmer auf. Die acht übereinander liegenden, halbrunden Suiten in der Gebäudespitze mit großzügigen Fensterfronten und Blick auf den Kurfürstendamm sowie das „Kranzler-Eck" verlassen die Entwurfssprache der übrigen Zimmer und Suiten und zeichnen sich durch eine eigene Individualität aus. Alle der 267 Superior- und Deluxe-Zimmer haben eine Grundfläche von 40 bis 50 m². Die 44 großzügigen Junior-Suiten und Suiten messen zwischen 60 und 100 m².

Auf der zehnten und elften Etage bieten die beiden Executive Floors ihren Gästen neben diversen Extraleistungen einen separaten Check-In sowie eine Lounge mit atemberaubendem Blick über Berlin.

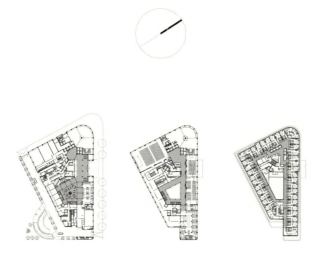

Ansicht vom Ku'Damm / Grundriss EG, 1. OG, Zimmergeschoss

Lobby/Lobby

Lobby/Treppe zur Lobby

Suite Blanche 9. OG / Suite Altona 3. + 5. OG

Garderobe 1. OG/Toiletten EG

Standardzimmer/Suite

Suite/Mäandersuite

Jan Kleihues

Jan Kleihues, Jahrgang 1962. 1983–1989 Studium der Architektur an der Hochschule der Künste in Berlin. Während des Studiums Assistent von Markus Lüpertz, Peter Cook und John Hejduk an der Sommerakademie in Salzburg und Projektarchitekt bei Peter Eisenman in New York. 1989–1991 Mitarbeit im Büro von Daniel Libeskind in Berlin und 1991–1992 bei Rafael Moneo in Madrid. Seit 1992 selbständiger Architekt. Von 1993 bis 1998 Kontaktarchitekt für Rafael Moneo für die Projekte „Bürohaus Block A4" sowie „Hyatt Hotel Block A5" im debis-Areal am Potsdamer Platz, Berlin. 1996 Gründung der Gesellschaft Kleihues + Kleihues durch Jan Kleihues und Josef Paul Kleihues mit Norbert Hensel, welche er nach dem Tod von J. P. Kleihues 2004 mit N. Hensel weiterführt. 1996 Berufung in den Bund Deutscher Architekten (BDA), seit 1996 Mitglied des Internationalen Design Zentrums (IDZ), 2001 Berufung in den Deutschen Werkbund Berlin. 1999–2001 Mitglied des Bundespräsidiums des BDA, 2002–2005 Sprecher des Arbeitskreises Junger Architektinnen und Architekten des BDA.

Ausgewählte Projekte:

1992   Schulanlage am Richardplatz, Berlin-Neukölln
        Eingeladener Realisierungswettbewerb, 1. Preis
1993   Carl-Orff-Grundschule, Berlin-Wilmersdorf
        Eingeladener Realisierungswettbewerb, 1. Preis
1998   Wohn- und Geschäftshaus Leipziger Platz 14, Berlin-Mitte
        Eingeladener Realisierungswettbewerb, 1. Preis, Realisierung: 1999–2001
1998   Concorde Hotel Augsburger Straße, Berlin-Charlottenburg, Realisierung: 2002–2005
2000   Hotel und Kongresszentrum (Maritim) Shellhausquartier
        Eingeladener Realisierungswettbewerb, 1. Preis, Realisierung: 2003–2005
2001   Ausbau Flughafen Frankfurt a. Main
        Planung eines Terminals mit städtebaulichem Ideenteil
        Realisierungswettbewerb 1. Stufe, 2. Phase
2004   Museum für Arbeit und Industrie Brescia/IT, Jan Kleihues und Klaus Schuwerk
        Eingeladener Realisierungswettbewerb, 1. Preis, Realisierung: 2005–2007
2004   Campus Westend, Jan Kleihues und Norbert Hensel
        Begrenzt offener Realisierungswettbewerb, 1. Preis (House of Finance),
        2. Preis (Hörsaalzentrum), 3. Preis (Anbau Casino), Realisierung: ab 2006
2004   Neubau des Bundesnachrichtendienstes, Berlin
        Architektenauswahlverfahren mit integrierter Mehrfachbeauftragung, 1. Rang
        Realisierung: ab 2006
2004   Ausbau Flughafen Frankfurt a. Main, Planung eines Terminals mit städtebaulichem
        Ideenteil, Realisierungswettbewerb 2. Stufe, 5. Rang

Ausgewählte Designprodukte:

1993   Kugelsegmentleuchte (se'lux)
2000   Quadratische Kugelsegmentleuchte (se'lux)
2003   Türgriff (Valli & Valli)
2004   2 in 1 – Funktionsfliese (Villeroy & Boch)
2004   Sesselserie Elton (Walter Knoll)
2004   Nachttisch-, Schreibtisch- und Stehleuchte (Spectral)
2006   Büroraumleuchte Neo (se'lux)

Johanne Nalbach

Nach dem Golde drängt...
Das Wallstreet Park Plaza Hotel in den Wallhöfen Berlin

Anders als Wohnungen sind Hotels Gast- und Heimstätten für nur wenige Tage oder Nächte. Und daher Qual oder eben Glück für die Handels- und Geschäftsreisenden jeder Couleur, die in unseren Tagen immer zahlreicher zu werden scheinen. Johanne Nalbach nutzt für diese prekär-schöne Herausforderung gern ihre Herkunft aus der österreichisch-wiener Kultur und hier besonders die volatile Erbschaft des Urvaters der architektonischen Moderne, von Adolf Loos. Wie dieser ist sie abhold jedem überflüssigen Ornament und formalen Gekringel, setzt stattdessen aber versiert ein, was der Schmuck im Material genannt wird: Metalle, Steine, Stoffe, Hölzer, ihre Maserungen, ihren Glanz, den Schimmer und Faltenwurf ihres Gewebes.

Für das Wallstreet Plaza wählte Johanne Nalbach als Leitmotiv die Börse. Darin finden sich der ins Englische übersetzte Straßenname ebenso wieder wie die Bären vom Cöllnischen Park, die ja nicht nur das Wappentier Berlins, sondern neben dem Stier auch ein Symbol des Börsengeschehens abgeben. Im Foyer leuchtet der Empfangstresen in dunkler Bronze wie aus alten, eingeschmolzenen Münzen, dezent und abstrahiert sind diese auch über den Steinboden verstreut (oder hier verloren), an der Wand schimmert ein riesiger Goldmond. Der Bartresen gegenüber ist aus schwerem schwarzem Marmor, von goldfarbenen Adern durchzogen (Nero Rococo), und die Rückwand antwortet golden geplättet dem Mond. Metallisch schimmern auch die Gewebe der Sessel. In der Tiefe des Raums ändert sich der Farbton zum warmen, sinnlichen Rot, das in die Lounge lockt und den (privaten) Vorführ- und Kinoraum beherrscht. Die (groben) Konstruktionen des nachmalig angebauten Pavillons werden durch wehende Schals verborgen, die Stützen sind golden und silbern gepudert, auf dem Boden riesige Perlen.

Konsequent zieht sich das Börsenmotiv bis in die Zimmer und Suiten hinein. Dabei verwandelt es sich von den dezenten, assoziationsreichen Anspielungen des Empfangs- und Restaurantbereichs zur thematischen Klarheit. Die Teppiche erscheinen als vergrößerte Dollarnoten und auf der Ulmenholzrückwand hinter den Betten liest man den Text des Börsengurus Kostolany: „Aktien kaufen und dann lang und tief schlafen". Auf die Glaswände zum Bad hingegen ließ Johanne Nalbach Bambusstangen drucken: sie symbolisieren im asiatischen Kulturraum Glück und Hoffnung des Geschäfts und Spiels mit den Geldern. Geht hier das Licht aus, schimmern sie als grüne Wände – zum Trost und Neubeginn des börsianischen Auf und Ab.

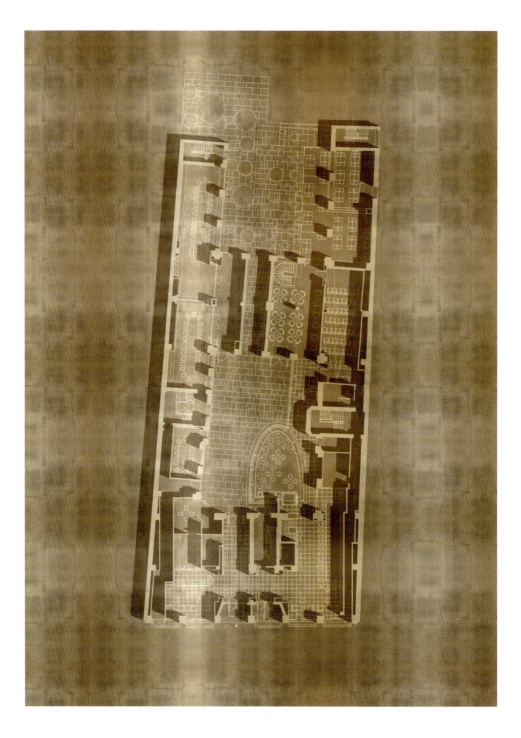

Themenhotel Wallstreet Grundriss EG

Auditorium
Filmikonen im Restaurant

Längsschnitt

Rezeptionstresen
Bar

Entwurfsskizze Hotelzimmer

Bettrücken
Schränke, Glaswand Bad

Hotelzimmer
Lounge und Bar

Johanne Nalbach

Johanne Nalbach, geboren in Linz/Österreich. 1958 Besuch der „Schule des Sehens" bei Oskar Kokoschka. 1961–69 Studium der Architektur an der Technischen Universität Wien. 1973 Gründung des gemeinsamen Architekturbüros mit Gernot Nalbach. 1979 Berufung in den Deutschen Werkbund Berlin. 1982 Verleihung des österreichischen Ehrenkreuzes für Wissenschaft und Kunst. 1995–97 Mitglied im Gestaltungsbeirat der Stadt Linz/Österreich. Seit 1997 Mitglied des Internationales Design Zentrums (IDZ). Seit 1996 Adjunct Professor an der State University of Kansas in Lawrence/USA – Architektur und seit 2002 Adjunct Professor an der University of Lexington in Kentucky/USA – Innenarchitektur. 2004 Verleihung des Verdienstkreuzes des Landes Oberösterreich. 2006 Berufung in die Gestaltungskommission der Stadt Dresden. Mitwirkung als Jurorin bei zahlreichen Wettbewerben.

Ausgewählte Bauten

1988	Drei Wohnhäuser im Rahmen der Internationalen Bauausstellung, Berlin/ Mendelssohn-Bartholdy-Park
1990	Innenarchitektur des Grand Hotel Esplanade, Berlin/Lützowufer
1993	Architektur und Einrichtung des Art'otels, Berlin/Joachimstaler Straße
1993	Umbau, Inneneinrichtung, Landschaftsplanung Seehotel Nakenstorf bei Wismar
1993	Masterplan für den Bereich Friedrichstraße, Berlin-Mitte 1. Preis im Städtebaulichen Wettbewerb
1994	Büro- und Wohnhaus, Dresden/Bergstraße
1995	Art'otel, Berlin/Joachimstaler Straße 28/29 – Architektur und Innenarchitektur
1995	Drei Wohnhäuser, Potsdam-Kirchsteigfeld
1996	Wasserstadt, Spandau-Pulvermühle, Berlin – Städtebau und 13 Wohnbauten
1996	Art'otel Baselitz, Berlin-Mitte/Wallstraße – Außen- und Innenarchitektur
1998	Café Bravo, Berlin/Auguststraße – mit dem Künstler Dan Graham
2000	Bundes-Pressekonferenzzentrum, Berlin-Mitte
2000	Innenarchitektur Restaurant Margaux, Berlin-Mitte
2001	Wohn- und Geschäftshaus, Berlin/Charlottenstraße 78
2002	Repräsentanz der Allianz, Berlin/Unter den Linden – Innenarchitektur
2004	Landtherme, Seehotel Nakenstorf, Architektur und Innenarchitektur

Ausgewählte Projekte

Block 115/(Wintergarten): Wohn- und Geschäftshaus mit Einkaufscenter Friedrichstraße in Berlin-Mitte
Oskar-Helene-Heim, Berlin – Bettenhaus, Ärztehaus, Wohnhäuser, Hotel, Kiga
Zentrale der Köpenicker Bank, Berlin/Potsdamer Straße
Büro- und Wohnkomplex, Berlin/Friedrichstraße 100
Bebauung Spreedreieck, Berlin/Friedrichstraße
Masterplan Hafen Wismar: „Holzstadt", Mecklenburg-Vorpommern
Themenhotel Holzstadt in Planung
Privathaus/Ibiza in Planung
Sieben Townhouses in Berlin – Friedrichswerder in Planung

Meliá Berlin

Standort	Friedrichstraße 103, Weidendammbrücke, 10117 Berlin
Nutzung	Vier-Sterne-Superior-Hotel mit 364 Zimmern, davon 40 im Roomstyle Royal Floor, einschließlich elf Suiten mit Lobby und Hallenbar, Restaurant und Tapas Ball- und Bankettbereich, Executive Club mit Cigarlounge, Fitnessclub
Planungsleistung	Entwurfsoptimierung und Interior Design
Innenarchitekt	Johannes Heinrich, BHPS Architekten Bassenge, Heinrich, Puhan-Schulz, mit Georg Hagemann, Fasanenstraße 71, 10719 Berlin
Mitarbeiter	Claudia Liss, Christian Sting, Michaela Mülling, Marcus Korn, Theo Eratz
Bauherr	GVG Grundstücksverwaltungsgesellschaft Am Weidendamm Berlin-Mitte mbH
Planung + Realisierung	Oktober 2004 – Oktober 2006
Bruttogeschossfläche	24.800 m^2

Concorde Berlin

Standort	Augsburger Straße 39–43, Ecke Joachimstaler Straße 33–35, 10789 Berlin
Nutzung	Fünf-Sterne-Hotel mit 311 Zimmern, Bankettsaal, Konferenzräumen, Restaurant, Wellnessbereich, Bar sowie Büroflächen, Wohneinheiten, Läden und Tiefgarage
Planungsleistung	Hochbau und Interior Design
Architekt	Jan Kleihues, Kleihues + Kleihues Gesellschaft von Architekten mbH, Helmholtzstr. 42, 10587 Berlin
Mitarbeiter	Johannes Kressner (Projektleiter), Olaf Koeppen, Manfred Kruschwitz, Sebastian Leder, Stephan Märker, Alexandros Perackis, Bernd Schalow
Bauherr	Grothe Immobilien Projektierungs KG
Planung	1999
Realisierung	November 2002 – Oktober 2005
Bruttogeschossfläche	45.000 m^2

Wallstreet Park Plaza

Standort	Wallstraße 23–24, Berlin-Mitte
Nutzung	Vier-Sterne-Hotel mit 320 Betten, Konferenzräumen, Kino, Wellnessbereich, Bar, Restaurant
Planungsleistung	Interior Design
Innenarchitektin	Hon. Prof. Johanne Nalbach
	Nalbach Design GmbH, Rheinstraße 45, 12161 Berlin
Mitarbeiter	Alexander Schober, Hans-Wilhelm Kleine
Bauherr	DIFA Deutsche Immobilien Fonds AG, Caffamacherreihe 8, 20355 Hamburg
Betreiber	Park Plaza Hotels Europe B.V., Hasselaerssteeg 11, 1012 MB Amsterdam
Planung	2005
Realisierung	Oktober 2005 – März 2006
Bruttogeschossfläche	8.400 m^2

Autoren

Angelika Günter Geschäftsführerin, Deutscher Werkbund Berlin

Jan R. Krause Vorsitzender, Deutscher Werkbund Berlin

Volkmar Strauch Staatssekretär, Senatsverwaltung für Wirtschaft, Arbeit und Frauen Berlin

Kurt Tucholsky Schriftsteller (1890–1935)

Photos	Stefan Müller, Berlin S. 28, 29, 30, 31, 32, 33, 34
	Archiv Kleihues + Kleihues, Berlin und Dülmen-Rorup
	Gernot Nalbach und Tobias Wille, Berlin S. 38, 39, 41, 43, 44
Herausgeber	Deutscher Werkbund Berlin e.V., Goethestraße 13, 10623 Berlin
Redaktion	Angelika Günter
Gestaltung	Ott + Stein, Nicolaus Ott
Schrift	Helvetica, Papier: 170g, Profisilk, Igepea
Herstellung	Reiter-Druck, Berlin

Bibliographische Information Der Deutschen Bibliothek
Die Deutsche Bibliothek verzeichnet diese Publikation
in der Deutschen Nationalbibliographie; detaillierte
bibliographische Daten sind im Internet über
http://dnb.ddb.de abrufbar.

jovis Verlag
Kurfürstenstraße 15/16
10785 Berlin
www.jovis.de
ISBN 3-939633-01-1

Die Realisierung des Ausstellungskataloges
wurde ermöglicht durch die freundliche Unterstützung von: